北洋北京
THE PAGEANT OF PEKING
摄影大师的视界

唐纳德·曼尼（Donald Mennie）摄影
帕特南·威尔（Putnam Weale）撰文

张远航/编译

中央编译出版社
Central Compilation & Translation Press
全国百佳图书出版单位

目录

006 | 前言

011 | 壮丽的北京

照片

052 | 孔庙牌楼

054 | 颐和园

056 | 北海入口——冬宫

058 | 安定门大街

060 | "神宇消失在云彩里,我与太阳齐光辉"——碧云寺

062 | 青龙桥——南口通道

064 | 颐和园排云殿

066 | 天坛的入口

068 | 实用店

070 | 西山龙王塘

072 | 西山戒台寺

074 | 雍和宫院落

076 | 驼队

078 | 居庸关大理石门
080 | 阳光下灰尘弥漫的大道（永定门附近）
082 | 颐和园长廊
084 | 午餐
086 | 通过平则门（今阜成门）
088 | 北海牌楼和大理石桥
090 | 西直门城楼下
092 | 碧云寺大理石佛塔
094 | 鞑鞑城（内城）的街道
096 | 南口长城
098 | "城墙边，大风扬起了尘沙"
100 | 北海公园内的牌楼
102 | 石头铺的路
104 | 故宫
106 | 通往西山的路
108 | 北京店铺
110 | 鼓楼
112 | 黄昏的街道

114 | 黄寺佛塔底座
116 | 前门
118 | 中国城（外城）大门
120 | 颐和园铜亭（宝云阁）
122 | 老北京的街道
124 | 碧云寺
126 | 通过南西门（右安门）
128 | 长途跋涉
130 | 庄重的府邸
132 | 休憩片刻
134 | 煤山（今景山）俯瞰北京城
136 | 雍和宫
138 | 老马车路
140 | 瀛台——海上的仙台
142 | 颐和园铜牛
144 | 从煤山远眺冬宫（北海公园）
146 | 街道角落
148 | 颐和园石拱桥

150 | 通往城里大道上的北京马车
152 | 黄寺佛塔
154 | 天坛祈年殿
156 | 十三陵大牌坊
158 | 居庸关城门
160 | 瀛台——宫中仙岛
162 | 颐和园大理石桥（十七孔桥）
164 | 郊外大道
166 | 西山潭柘寺
168 | 德胜门——胜利之门
170 | 颐和园铜龙和铜凤
172 | 万寿寺——万座佛像的寺庙
174 | 永定门
176 | 孔庙
178 | 天坛寰丘坛
180 | 黄寺
182 | 夜幕降临

前言

本书英文版出版于1920年,书中的影像作品大约完成于二十世纪早期,这正是北洋政府控制中国政权的时期,是大变革、大动乱的时期。旧的制度已经被打破,新的权威尚未建立,这种不稳定,给人们的思想和精神上也带来了极大的困惑与不安。

北洋时期虽然不是一个统一的时期,但是却带来了局部的和平与安宁。透过本书气息,我们能感受到,虽连年遭受兵灾,北京城依然焕发着古城的魅力,人们依然生活在安详与从容之中。通过这些老照片,我们能反复感受到一个民族复兴的力量:百战而不衰,人民如此,国家也如此。

本书的作者,唐纳德·曼尼(Donald Mennie),一个陌生的名字,前些年尚不为人熟知,但近几年来,随着中国影像艺术品拍卖市场的崛起,曼尼的名字就如他的作品一样,已经被他所喜爱的人捧若至宝。

唐纳德·曼尼,1876年出生,1941逝世,英格兰商人,业余摄影家,二十世纪早期曾在中国生活、任职。据1891年4月保留的一份人口普查档案显示,15岁时,曼尼是一名药剂师的助手,与两个弟弟詹姆斯、亚当以及作为家庭户主的兄长阿奇博尔德·雅戈居住在苏格兰北部旧郡萨瑟兰德戈尔斯皮,他的兄长似乎也是一名药剂师。关于曼尼是怎样、什么时候来中国的,目前还不得而知。但可以肯定的是，他在1899年前就已经在中国了。起先，他在北京一家名为麦克塔维什-雷曼（Mactavish & Lehman Co.）的公司工作，后来就职于屈臣氏大药房上海分店，不久便成为了这家公司的大班经理。1920至1941年间，他还一度成为中国沿海地区最有权势的企业家之一。

虽贵为权势者，但让他首次成名的却是为伊丽萨白·库伯（Elizabeth Copper）于1914年在纽约出版的著作《我中国庭院里的夫人》（My Lady of the Chinese Courtyard）所作的双色照片插图。后来，他花了三年时间在中国多地旅游，并于1920年出版了自己的摄影作品集《中国，陆路和水路》（China by Land & Water）。

作为摄影者，曼尼很可能使用的是当时已经过时的湿版摄影法（Wet Plate Process），作品出版时主要采用凹版印刷，成书时将照片印刷在影写纸上再手工粘贴入书里，其中也有许多摄影作品采用手工上色的方式以达到彩色的效果。曼尼喜欢用影写纸轻柔的阴影和特殊的质感与层次烘托他眼中的古老中国，他以这种方式表达他对中国文化的热爱。他把情感宣泄在纸上，将记忆注入了历史。在一次老北京历史影像展览中，几乎每一位观众都在他的摄影作品前驻足凝思，以此表达对摄影大师的敬意。

1920至1927年间，他又出版了其他几部摄影大作，包括《北洋北京》（The Pageant of Peking，1920）、《扬子江风景》（The Grandeur of the Gorges，1926），这两部著作同为影像市场标志性藏品，深受广大藏家的爱好与追捧。曼尼并不是职业摄影家，但是我们可以发现，他拍摄的照片，不注重特定内容，但喜好侧逆光拍摄，十分讲究光线、阴影、质感与层次。在《中国，北方与南方》和《扬子江风景》这两部著作中，我们可以欣赏到这样的作品：在那绿满江南的乡村中，一桥如带，水光山色，片帆高举，相映成趣；小镇人家，老树横斜，市桥相望，次第眼明，数篙之后，又忽开朗，渐入柳暗花明的境界。

《北洋北京》收录了曼尼66幅作品，这些作品如诗如画，透过灰尘漫天的篷车、晨雾、湖泊、古塔、寺庙、桥梁、街市、胡同，以及那些具有国画情趣、古意盎然的地方，来表达帝王之都的荣耀。

帕特南·威尔为本书撰写了序言，塞缪尔·科林为每张照片写了注释，这66幅作品都是先印刷在影写纸上，再粘贴在书里，书的封面采用了宝石兰织纹绸缎轧花烫金字的工艺，成书为毛边本，每一道工序无不显露装帧的细腻与奢华。本作品限量1000册，编号发行。出版者为当时知名的上海屈臣氏大药房。

这里，我用些许文字谈谈屈臣氏大药房的来历。

1820年，东印度公司一位名叫皮尔森的人和另一位来自英国的李文斯顿来到中国，因为受中国政府的限制，他们只能到广州或澳门，当时澳门的洋人最多，俩人合计在澳门开设了澳门药房，这家药房就是屈臣氏的始祖。1828年，澳门药房为了扩大服务，决定到广州开设广州药房。1841年英国海军舰队占领香港后，广州药房也趁势在香港开设了分店香港药房，主要客户是一些士兵和海员。托马斯·博斯韦尔·屈臣博士是屈臣家族第一位到达远东的成员，1845年他在澳门开了一家私人诊所，1856年他将该诊所卖给了别人移居到香港，成为了香港药房的合伙人。1857年托马斯·博斯韦尔·屈臣博士将全家老小送回了苏格兰，他自己也于1859年返回老家，1860年逝世。1858年屈臣先生的侄子亚历山大·斯柯文·屈臣受聘为香港药房的药剂师，1860年开始正式接管药房的生意，经过多次业务重组与兼并，直到1871年，屈臣氏（A.S. Watson & Company）才成为正式的商业品牌。

药房为何会出版摄影集呢？我们可以先了解下早期的摄影技术。

早期的摄影采用的是玻璃底片，这种玻璃底片是拍摄前才将显影药水在暗室内涂抹在玻底上的，因此又称湿版法。玻璃底片经过相机拍摄曝光，然后在暗室用相纸晒影，晒影后的照相纸浸泡在定影药水中漂洗，烘干后才能成为永不褪色的照片。而这些用于照相的显影药水和定影药水正是屈臣氏这类西药房经营出售的。因此屈臣氏大药房便与早期的摄影师在经营过程中有了紧密的交往，也最早欣赏和爱上了摄影艺术。由于上海屈臣氏大药房厚实的经济基础，于是他们便开始了与摄影师合作出版摄影作品了。这一合作，便为后人留下了无数美好的记忆。

每每欣赏这些艺术价值极高的摄影作品时，我们仿佛又回到了那个时代，虽战火绵绵，然美景依旧。这是一位大师看破尘世的憬悟，是自然与科技结合的定格。

张远航

2012年7月18日

壮丽的北京 | 帕特南·威尔

北京的确是一个带有神话色彩的名字。也许是因为著名的阿拉丁神灯的故事使北京闻名于世，西方人从此便把北京与神秘和冒险等词联系在了一起。中国是一个封建帝国，拥有世界上四分之一的人口。北京远离世界其他各国，是帝国的象征。北京的威望远远高于亚洲其他任何一个城市，千年经久不衰。在地理位置上，北京略低于蒙古大草原，与亚洲高地相连，具有险要的战略地位。中国在过去的战乱中积累了宝贵的战斗经验。自古以来，中国人一直以农耕和手工业为主要产业，也积累了丰富的生产经验。中华民族一只手拿着刀剑，另一只手托着华夏文明。中国人民骁勇善战，多次征服远东各民族。

与其说北京是一座传统城市，还不如说她是一座现代城市，这样给北京定性并非言过其实，因为北京是一个奇妙的复合体，它不但有凶悍的一面，拥有鞑靼（译者注：鞑靼，中国古代北方游牧民族名称。最早见于唐代记载，为突厥统治下的一个部落。唐末，突厥衰亡，鞑靼部落逐渐强大，其名称遂成中国北方诸民族的泛称，其指称范围随时代不同而有异）强大的军事力量，又有温柔的一面，拥有中国（译者注：原文Cathay，本意契丹，是宋朝时的辽国。因马可·波罗误认为当时的契丹就是整个中国，所以在古代，欧洲人通称中国为"契丹"）深厚的文化素养。两千年前，北京只是一个修建得非常坚固的小城，坐落在直隶平原无人的荒野上；现在的北京却是一个人口稠密的大都市。北京在两千年前是一片贫瘠的草原，星星点点散落着几个村庄，里面住着从黄河流域跋涉而来的流民，他们为了寻求更加美好的生活来到这里。居住在这片平原上的人民吃苦耐劳，在性格上与当初涌入内蒙古和大西北的移民十分相似。那些移民冒着生命危险，走进无人的荒野，开垦渺无人烟的荒漠原野，目的就是为了实现自己的人生价值，追求更美好的生活，使自己的生命更有意义，从而也为建设更加强大的中国贡献出自己的一份力量。毫无疑问，这些早期迁移过来的逃荒者把燕京（译者注：以前人们称北京为燕京）这座古老的城市当作了他们的栖息之地，避难之所。中国历史上有很多城市与《旧约》（译者注：《旧约》亦称《旧约全书》，是基督宗教的启示性经典文献）当中描写的那些城池有不少相似之处。《旧约》里的那些城池是犹太（译者注：Judea，犹太是古代罗马所统治的巴勒斯坦南部地区）主权和国力的象征。如果这些城池被敌人占领，就意味着犹太人已经完全丧失了领土的主权。《旧约》中讲述过这样一个故事：约书亚发现犹太的城池非常坚固，易守难攻，他带领军队多次发起强攻，但是都以失败而告终，最后，约书亚在神的帮助下才征服了犹太。纵观中国的整个历史，无数次战争都是围绕中央和地方政府

所在的城池发生的。如果有学者想要研究这些战争的政治意义和引发战争的种族问题，就必须从研究这些城池的发展史入手。

　　早期从南方迁移到直隶平原的逃荒者很快便适应了这里的环境，他们变得更加顽强。在与外敌的交战中，他们积累了丰富的战斗经验，大大增强了抵御外敌的能力，更好地保护了自己。这一点，其他北方人至今都望尘莫及。他们与游牧部落通婚。过去，这些游牧部落经常入侵中原。早年从南方迁移而来的这一部分人逐渐习惯了漂泊不定的流浪生活，他们对居无定所已经习以为常。他们与人为善，与任何人都能和睦相处。无论是谁做统治者，他们都会绝对服从，忠心耿耿。

　　在古代，人们就已经认识到了燕京的重要性。在封建社会时期，汉朝衰落之后，也就是在世纪之交，人类进入基督纪元之后，燕京一直是地方长官或小诸侯的首府。燕京虽然位于遥远的边关，只是一个边区小镇，但是，它的地理位置却十分重要。在旧中国，从陆路上讲，燕京一直是河南、陕西通往直隶海湾（**译者注：直隶海湾就是现在的渤海湾**）北部沿海地区的交通要道。当时，朝鲜王国与直隶省交界，正是因为这个原因，北京才凸显出其重要的军事战略地位。

　　在古代，北京离大海并不太远。大海在通州的东南方，距通州

只有14英里。即便在今天，老百姓也未曾改变对通州的传统看法，他们一直认为通州是一个海港，从通州坐着帆船，就可以直达位于辽东的朝鲜王国。由于中朝两国人民交往甚密，所以朝鲜人十分崇尚中国的文化。他们对孔子崇拜至极，并虔诚地把孔子学说传教给日本人。在一千多年前的唐朝时期，北京开始进入文明时代。最近有人在外城（译者注：清朝统治时期的北京，西方人称汉人居住的地方为the outer City[外城]，或Chinese City[汉城、中国城]，称满族人居住的地方为Tartar City[鞑靼城、满洲城或内城]）发现了两座古老的寺庙。北京最初只是一座小城堡。这两座寺庙始建于唐代，应该就位于最初的这座小城堡的城墙边上。北京最古老的遗迹就是这些带有宗教色彩的建筑物了。除了这两座寺庙之外，还有几座塔。经过了岁月的侵蚀，这些塔已经破旧不堪，它们就像孤岛一样，矗立在已被废弃的低矮平房当中。从建筑结构来看，这几座塔具有明显的公元十世纪以前的前鞑靼时期的建筑特点。由此可以判断出，这几座塔应该始建于宋代。中国的学者认为，其中一座塔应该至少有一千四百年的历史了。中国古代的伟大工程——万里长城始建于春秋战国时期，唐朝和宋朝未曾有过加固增修长城之举。北京的长城位于北京西北部的偏远郊区，是中国历史上非常重要的防御工事。唐宋之后，几个朝代不断加固增修长城，一直把长城修建到山海关怪石嶙峋的海岸边。长城翻山越岭，东西绵延数万里，彻底把华北、蒙古与满洲（译者：中国东北的旧称）隔离开来。十三世纪，马可·波罗从蒙古高原一直游历到忽必烈的皇宫，但是他在游记中并没有提到过长城，凭马可·波罗敏锐的观察力，他不可能错过这项规模浩大的军事工程。唯一有说服力的解释就是，当时长城还没有修建到北京。在公元十世纪，也就是满族和蒙古族入侵中原之前，燕京确切的城市范围及人口数量甚至都还没有准确的记载。但是，马可·波罗发现了很多白色石炮炮弹，这些炮弹体积很大，牢牢地嵌入地表深处，足有十到二十英尺深。自从1200年前首次使用石炮炮弹之后，唐朝就一直将它们用作飞弹。现在，有资料已经证明，这些炮弹是义和团攻打公使馆时所用的武器。

第一批鞑靼人（译者注：第一批鞑靼人指的是契丹鞑靼或契丹人）入主中原之后，他们切身感受到了北京的军事战略价值，于是把北京定为国都。契丹鞑靼原本居住在满洲，公元960年，建立辽朝（译者注：辽朝或称辽国、大辽、契丹，简称辽，是中国五代十国北宋时期以契丹族为主体建立，统治中国北部的封建王朝。辽国原名契丹，后因其居于辽河上游之故，遂称"辽"）。因为"辽"字在契丹语中是镔铁的意思，所以辽朝也被称为铁朝。其实，在契丹人之前，蒙古人已经在北京的周边地区屯营扎寨多年。但是，契丹人凭着大无畏的精神，大举进攻中原，并夺得霸主地位，割据华北地区。他们毅然决然地抛弃了自己的家乡，从满洲迁到华北，成为中原的统治者，长达上千年之久。由此可见，北京提出强权政治（译者注：强权政治亦称强权外交）的整体构想是源于契丹人，而不是中原人。

根据古代文献记载，契丹人曾经在现存的占地面积庞大的神农庙遗址附近建造了一座巨大的宫殿。契丹统治者将随从安置在皇宫大殿的周围区域。他们分组而居，井然有序。契丹人还在整个居住区的外围修筑了一道高大的泥墙作为护城墙。除了唐朝小城的一部分之外，新国都囊括北京城的绝大部分重要区域。新国都与其说是文化与贸易的中心，倒不如说是军营。曾经是野蛮民族的契丹人具备依靠打猎为生的原始部落的优点，他们总是精力充沛，好像有用不完的力气、使不完的劲。文明的中原人根本看不起契丹人，就好像古罗马人一向都瞧不起德国大森林里那些经常交战的部落一样。在中原人的眼里，契丹人连这些部落的人都不如。在中国历史上，正是这些被中原人看不起的契丹人，第一次把朝鲜人赶出了辽东半岛，把鸭绿江定为中朝的边界，为中原人最终能够北上迁居整个满洲铺平了道路。契丹人沿着直隶海湾这条历史悠久的交通要道长驱直入，毫不费力地打到了中原，最后他们发现，自己已经来到了刚刚夺取了唐朝政权的宋王朝最北端的省份。

燕京是中国北方最重要的城市。在渤海湾，随着海平面逐年下降，海水逐年减少，一个小镇在海水退去的泥滩上兴起，这个小镇就是天津。天津毗邻燕京，也是一个繁华的贸易中心，地理位置很重要。但燕京比天津的地理位置更重要，因为燕京是满洲通往中国内地的必经之地。

燕京遭受过战火的厄运吗？它可能也没有逃过此劫。因为在其他所有城市都正式归顺契丹之后，燕京也只能投降，在古代，这就是燕京的宿命。契丹人靠武力征服了中原，最终成为战争的胜利者。他们心满意足，在城门口建造了一座简陋的皇宫，用以显示其统治者的地位。他们不断向南挺进，边界随之不断扩大。他们首先夺下河南省，紧接着又攻下了山东。在南下的过程中，宋朝军民浴血奋战，拼命反抗。中国是一个历史悠久的文明古国，而契丹是一个尚未开化的野蛮民族，但这个民族却在中国的土地上正式建立了第一个野蛮帝国。整个中国都为之震惊了。十二个世纪以来，长城一直是一个安全的屏障，它无数次成功地抵御了塞北游牧部落的侵袭，为中原人立下了汗马功劳。但是，这道屏障这一次却被契丹人穿越了。从遥远的东北部地区冲杀过来的契丹人彻底改变了人们对长城的看法。整个中国陷入惶恐之中。

契丹人统治初期，政局一直不稳定，社会持续动荡了几十年。在十一世纪初期，辽朝被同宗的满族人（译者注：这里的满族指的是女真族）——金鞑靼所灭。在宋朝皇帝的怂恿与煽动下，女真部落举兵攻打契丹人。然而，当他们打败辽军，攻占了契丹人的首府之后，却与自己的盟友宋王朝反目成仇。

于是，在位于今天的北京南部的辽朝国都的原址上，金人建造了自己的皇宫。但是，由于金人急于推翻宋朝的统治，自己独立为王，因此，他们很快席卷南下，并在河南省开封府建立了临时首府。由于开封府在黄河之南，且濒临黄河，对于金国的军队十分不利。金军在前方与宋军交战，身后却是不可逾越的黄河，一旦兵败，根本没有退身之路。最后，金军决定与宋军隔河相望，于是放弃了开封，撤回北京，并把北京定为国都。他们随身带回了著名的石鼓作为战利品。石鼓是中国最古老的历史文物，记载了公元前850年周朝天子狩猎的场景。最近，有人在孔庙的一个亭子里发现了这些石鼓，亭子被精心地用栅栏围住，常人很难进入。

金朝定都北京具有非常重要的历史意义，从此之后，北京便成了中国历史的中心舞台，所有重大的历史事件都将发生于此。

从中国的历史书和书中的插图我们可以了解到九百年前中国的社会概况。当时的金朝人梳着长辫子，头上戴着质地坚硬的圆形皮帽，身穿长袍，脚上穿着方头马靴。五百年后，金人的同宗亲戚——满族人也效仿金人，穿起相同的服饰。满族是一个木讷、尚武的民族，他们野心勃勃，决心入主汉地。他们连年与宋朝交战，今日进攻，明日撤退，彼此均有胜负。有时宋军击退满军，有时满军大败宋军，即使后来满族军队被打出了长城以外，他们还是能够固守住自己的家园。

　　在中国，历史总是在不断地重演。南宋统治者虽然与这些骚扰边关的游牧民族有着不共戴天的仇恨，但是，最后他们还是别无选择，于十三世纪初期与蒙古人结盟。这些蒙古人曾经在成吉思汗的统率下，征服了大半个世界。成吉思汗就是元太祖，是一位名垂千古的人物，是世界历史上最伟大、最杰出的政治家和军事家之一。蒙古骑兵在忽必烈（译者注：忽必烈是元世祖，是元代的开国皇帝，成吉思汗之孙）的带领下，从长城无人把守的关口冲杀进来，给金朝以致命的一击。他们把金朝的皇宫洗劫一空之后，将妇女们留下做奴隶。但是，当蒙古人帮助南宋灭了金朝之后，却立刻撕毁了与南宋的盟约。蒙古铁骑以势不可挡之势，一直冲杀到长江沿岸。最后，他们杀进了临安，消灭了宋朝。

　　当时的北京城即便没有被这场战争摧毁，至少也遭到了重创。元大都是在北京城原来的遗址上大规模重建起来的，气势雄伟的汗八里（译者注：汗八里即元大都，元代蒙古人称北京为汗八里）拔地而起，马可·波罗曾经亲自参观过这座军营城市。虽然有记载表明，故宫西边的三海始建于金朝，但是中国最古老的皇家建筑群应该始建于元世祖忽必烈的统治时期。在皇城里，有一座著名的舍利塔，据说是蒙古人留下的遗迹。在孔庙里有一只元代建造的巨大赑屃（译者注：赑屃，也称龟趺，形状像乌龟，好负重），背上驮着一座沉重的大石碑。大石碑使赑屃深深地嵌入地表。孔庙里有很多参天的柏树，每一棵柏树都有固定的编号，这些柏树是蒙古人七个世纪前栽种的。

著名的威尼斯旅行家马可·波罗曾经写诗赞美过十三世纪蒙古大汗金碧辉煌的宫殿以及宏伟壮观的北京城。在马可·波罗的记录中，他详细地说明了蒙古人为什么不住在辽朝和金朝人建造的皇城里，却在其北边重新修建宫殿，建造国都；他还记录了当时战乱中人们的感受，并且告诉我们，当时想夺取政权非常简单，可以用一句话来形容，那就是剑鞘里边出政权。下面是马可·波罗当时的一段记录：

"在这里有一座庄严、宏伟的城市，这座古老的城市叫汗八里，城名的含义是'帝都'。但是占星者告诉大汗，有迹象表明这个城市将来要发生叛乱，会对他的皇权造成极大的威胁。于是，大汗决定在老城的旁边另建一座新都。大汗的皇宫就建在新都里面。新都和旧都之间只有一河相隔。这个新建的都城取名为大都。新城建立起来后，所有人都必须离开旧都迁居新都。但是，由于所建的新都没有旧都的面积大，不像巨大的旧都那样能够容纳如此众多的居民，因此，大汗挑选了一部分他所信任的对他忠贞不二的人，让他们继续留在旧都。

"新都整体呈正方形，周长二十四英里，每边为六英里。在整个都城的外围筑有一圈高高的土城墙，城墙底部足有十步（译者注：一步的距离为2.5至3英尺）厚，十多步高。但是，随着城墙高度的增加，厚度在逐渐减小，到了墙顶就只剩下不足三步宽了。城墙上设有环状城垛，城垛设计得十分隐蔽，在墙外很难被发现。

"整圈城墙共开有十二个城门，在每个城门上都建有一座高大雄伟的城楼。正方形城墙的每条边上均开有三个城门，建有三座城楼和两个角楼。在这里需要解释一下，城墙的四角各建有一个角楼，城墙上的城楼和角楼里有宽敞的大厅，大厅里藏有守城士兵的大量武器。

"城中的全部设计都以直线为主，所以每条街道都沿直线伸展，直达城墙根。你可以从街道的这一端清楚地望到另一端，也可以从东门望到西门。在新都里，漂亮的宫殿到处可见，外观精美的房子林立其间，大大小小的店铺比比皆是，这些店铺的外部都装修得十分精巧美观。城里所建的所有房屋的地基也都是正方形的，并且彼此在一条直线上。每块地都有充分的空间来建造美丽的住宅、庭院和花园。每家的家长都能按照家庭人口的数量分得一块这样的土地，并且这块土地可以自由转卖。每一块正方形地基的旁边都有能容车马通行的宽敞道路。总之，整个城区的布局如上所述，就如同棋盘一样方方正正，规规矩矩。新都的整体布局是如此精巧、完美，非语言所能形容。

"此外，在新都的中心有一座很高的建筑物，上面悬挂着的一口大钟，每夜都要响起。当第三声钟响过后，任何人都不得在街上行走，再出入城门。不过遇上紧急情况，比如有孕妇分娩或有危重病人等，便可以例外。但外出的人必须提灯而行。另外，每个城门都有一千个士兵站岗放哨。为什么要安排这么多驻军呢？主要有两个原因，一是为了防范敌人的入侵，二是为了显示大汗的光荣与威严，同时也能对盗贼起到震慑的作用，保证皇城的太平与安定。"

通过马可·波罗的描述，我们对元大都的情况已经有了清楚的了解。那时的城墙不可能同现在的一样宏伟壮观，肯定都是老式的土墙。忽必烈在与中原交战的过程中，在边界地区经常能看到这样的老式城墙，所以他在修建新都的城墙时一定参考和仿照了这些城墙的式样。忽必烈所建的城墙高35英尺，墙头宽度达10英尺，与现在北京城墙的建筑结构相比，确实有些落后。但是，当时的城墙的确有其独到之处。城门上以及城墙的每一个角上都盖有高大的木质城楼和角楼，这些城楼和角楼同时也是军械库，里边存放的兵器足够一千个守城士兵使用。辽代和金代遗留下来的旧都位于新都之南，两都之间只隔一条蜿蜒曲折的小溪。后来，这条小溪被改修成了护城河。居住在旧都里面的有中原人、投机商和逃犯。小商小贩们在旧都里做买卖，有一些从北方小镇流落到北京的人，也住在这里。从那时起，旧都一直保持着这种老样子。北京现在的建筑布局也是像棋盘一样，方方正正。宽阔的大道贯通南北，主要干道东西相连，这种棋盘式的规划布局主要归功于元代蒙古人的战略眼光，因为蒙古人当时的目的就是把国都修建成坚不可摧的军营，砖石是他们安营扎寨时惯用的材料。一排排低矮的房屋一眼望不到边，里边住着蒙古皇室和贵族的家臣、随从以及无数士兵。而皇室和贵族所居住的宫殿则庄严雄伟，高大华丽，耸立在低矮的民房之中。有人见到过当时元大都的建筑设计图纸，这张设计图一直保存到现在。从这张设计图上可以看出，新都中划有特定的区域用来圈养数量庞大的马和骆驼。这些动物为蒙古人立下了汗马功劳，功不可没。开放式的庭院结构是蒙古人祖上传下来的最有特色的建筑形式，它的特点是住宅的大门设计得十分宽阔，能够容一辆四轮马车自由通行。显然，这样的大门设计不但便于车辆进出，更便于人的出入。新都里房屋大门的设计就沿用了蒙古族祖上流传下来的这种建筑形式。

虽然我们对七个世纪以前的情况有了如此详尽的了解，但是，仍然存在许多未解之谜。在北京的东面，大约一千五百码（译者注：1码等于3英尺或0.9144米）的地方，有一段土墙，有好几英里长，一直向南延伸。这段墙到底是谁修建的？它是古老的元大都的一部分，还是辽国人或金国人在北京所修建的侧翼防御工事？多年来，这段神秘的城墙对于世人来说一直是一个未解之谜。虽然这段城墙与忽必烈建造的元大都的城墙北面相连，但是它又独自向南延伸了很长一段。显然，与其说它是元大都城墙的一部分，倒不如说它曾经是古代的一道防御工事。最近，有些研究资料似乎意欲证明它是金国人用来防洪的堤坝。金人修建这道堤坝的主要目的是为了使国都免遭洪灾，而如今的洪水早已改道，流向天津平原。

中国的帝国统治中心为什么会向东北方向迁移了500英里？一方面是因为中原的新统治者意识到了北京地理位置的重要性，另一方面是因为一个新的种族开始统治中原。在迁都北京之前，中国的帝国统治中心在中原地区至少已经存在了二十个世纪。自从三千多年前，周朝的统治者首先定都于西安府（译者注：西安府即古都长安，就是如今陕西的西安）之后，无数朝代一直把国都定于西安府或河南。中国要想建立一个自由和独立的国家，国都北移是非常必要的，这是自然地理位置所决定的。中国的皇帝要顺应自然，将都城迁至北京是必然的。游牧部落入主中原就是一个惨痛的教训，是中原人永远也抹杀不了的痛苦回忆。十四世纪，明朝的开国皇帝率领汉族人民终于推翻了蒙古族这个外来游牧民族对中原的统治，开始将国都定为南京，后来，明朝皇帝决定将国都迁至北京。

今天的北京城实际上是十五世纪初期明朝所建的都城。用砖石材料建造宽敞明亮的住房一直是汉族建筑师们的梦想，喜欢宽敞空间的鞑靼人（译者注：此处的鞑靼人指的是蒙古人）原先在北京修建的城墙、宫殿以及对城区的整体设计和布局都给汉族建筑师们以极大的启迪。他们通过研究鞑靼人在北京建造的房屋，掌握了这种建筑方法。

明朝统治者永乐皇帝在元大都的基础上又对北京进行了很多整改和重建，加入了华夏文化的印记。位于元大都中心的鼓楼和钟楼被挪走。鼓楼是战争的报警器，鼓声一响，说明战争爆发了；钟楼是宵禁的警告器，钟声敲响，告诫百姓城门已关，禁止出入。把钟楼和鼓楼从城中心挪走，主要是为了改变皇城的格局。与此同时，

皇城的北面向内缩进了至少两英里,南面向外延伸了很多。经过所有的改动之后,北京的城门比以前更加威严,更有气势,天子的宫殿则更加雄伟壮观。至此,我们讲到了中国国都的重要性和皇宫的重大意义。

根据文献的记载我们可以断定,自从中国实行帝制以来,皇宫雄壮、肃穆、恢宏的气势已在平民百姓的心中留下了深刻的印象,它代表了皇帝的神圣、威严和至高无上的形象。中国人的思想观念一直深受风水学说的影响。所以,对于统治者来讲,皇宫的布局与兵强马壮的军队同样重要。然而,自从元朝的蒙古族人定都北京**(译者注:当时的北京被称为大都)**,在北京定居下来之后,建造宽敞的砖石结构的房屋以及尚武思想风靡一时。在中国,像北京的宫殿以及高大的城墙这样的建筑都是有史以来极为罕见的。现在,我们必须再次引用马可·波罗的记录来证明这个观点。马可·波罗在描述忽必烈所居住的皇宫时,用传神之笔,描写了蒙古族人入主中原之后给中国带来的巨大变化。马可·波罗是这样记载的:"众所周知,从去年12月份到今年的1、2月份,蒙古大汗住进中国的都城已经三个月了,人们称这座都城为汗八里。大汗的皇宫巍峨壮丽,矗立在皇城之中。现在,我就给你讲一讲皇城吧。

"皇城四面环有状如正方形的高大城墙,每一面城墙长达1英里，也就是说，城墙周长为4英里，它是护卫皇城的重要设施。城墙非常坚实，墙体很厚。城墙的四角有四座设计精巧的角楼，里面储藏着皇家军需品，比如弓箭、箭袋、马鞍、嚼环以及弓弦等。此外，在城墙四边的正中间各建有一座外观相同的城楼。因此，在城墙上，各建有四座角楼和城楼，用以储存军队的军需品以及防御武器。还有一件事我需要说明一下，每一座角楼或城楼只储藏一类军需品。如马缰、马鞍、马蹬和骑兵所用的其他物品都放在一个角楼内；弓弦、箭袋、矢和属于弓箭类的其他物件放在另一个角楼内；护身甲、胸甲和其他皮制盔甲则存入第三个角楼中，其余的以此类推。

"南面的城墙上开有五道城门，中间那道门是城墙的正门，比两旁的大。正门除供皇帝出入外，终年紧闭不开。两边的门则长年敞开，所有平民百姓进出都是走这两道门。在左右墙角还各建有一道角门，向所有人开放。因此，南面的城墙一共有五道门。

"在皇城高大的城墙里，我们可以看到一圈状如长方形的宫墙。宫墙上同样建有四座角楼和四座城楼，方位与皇城城墙上的四座角楼和四座城楼保持一致。宫墙上的四座角楼和四座城楼里，储存的也都是军队的作战和防御兵器。在南面的宫墙上也开有5座城门，排列顺序与皇城南面的城门保持一致。在宫墙的东、西、北三面各建有一座城门，依然与皇城东、西、北三面城门的方位相同。在宫墙围住的场地的正中，是元朝皇帝金碧辉煌的皇宫。现在，我详细地给你介绍一下元朝皇帝的皇宫。

"你一定知道，大汗的皇宫是有史以来规模最大、最雄伟的建筑。出了宫城北门，可以看到皇城外墙高大的城墙；宫城的南门外，有一片空地，王公贵族和禁卫军经常在此处通行。皇宫虽然只有一层，却是一座拔地而起的宏伟宫殿。大殿的基座约高出地面十掌，完全由大理石修葺而成，基座向四面平伸出去，构成一个可以绕行大殿的宽阔平台。这是一个敞开式平台，大理石基座的外缘装有一圈制造得十分考究的柱状围栏，没有皇上的圣旨，任何人到此必须止步。皇宫巍峨高大，殿顶高耸入云，大殿墙壁上镶满了黄金和白银，并装饰有各种各样的图案，比如浮雕云龙或贴金云龙、兽、鸟、骑士、神像以及其他各式各样的图案。在殿顶的天花板上，展现在你眼前的只有黄金、白银和彩绘。大殿外的四围均铺有大理石台阶，拾阶而上，便可从平地登上围绕宫殿的大理石平台，凡要走进皇宫的人都必须通过这道平台。

"皇宫的大殿如此之大，足以容纳六千人同时用餐；宫中房间之多，构造之精美，更令人叹为观止。整体建筑如此雄伟，如此豪华，如此精美，在地球上，根本找不到第二个能够与之媲美的建筑。宫殿外部的殿顶装饰着多种颜色，有鲜红色、黄色、绿色和蓝色等等。这些颜色用清漆固定后，显得既精美又雅致。在阳光的照耀下，清漆像水晶一样闪闪发光。因为光的折射，人们在很远的地方就能看到金碧辉煌的殿顶。殿顶的外部十分坚固，足以经受岁月的考验。

"在皇宫大殿的后面，还有很多宫殿，宫殿里有大厅和房间。有的是用来收藏皇帝的私产和各种珠宝，包括银子、宝石、珍珠和大块的黄金；有的是皇后和嫔妃们的宫室。这里十分清静，不受外界的任何打扰，只有皇上可以来去自由，其他人等一律禁止入内。

"皇宫里有漂亮的花园和各种枝繁叶茂的果树，树上结满了沉甸甸的果实；还有种类各异的动物，比如悠闲自得的梅花鹿、牡鹿、羚羊、獐、活泼可爱的小松鼠、能够放出麝香的小动物，以及其他姿态各异的叫不上名字的小动物。简而言之，除了人来人往的地方，各种动物随处可见。花园里长满了绿色的小草，花园里的道路用砖石铺砌而成，厚度足有两肘（译者注：一肘约18寸）。道路上从来不会有污泥，也不会积存一滴雨水，因为下雨时，雨水会直接流向道路两旁的草地。雨水使大地充满生机，使小草迅速生长。

"在皇宫的西北角上，有一个美丽的人工湖，湖里养着品种繁多的鱼。这些鱼是皇帝命人放入湖中的，皇帝在闲暇之余，随时可以拿起鱼竿，享受垂钓的乐趣。这个湖与一条小溪相连，溪水从一个方向注入湖中，又从另一个端流出。在水流的入口处和出口处都安着铁制和铜制的格栅，防止鱼随溪水游到其他地方。

"除此之外，在皇宫的北面，离宫墙大概一箭之遥的地方，有一座人工建造的小山，是由湖底挖出的淤泥堆积而成的。这座小山足有一百步那么高，山脚周围周长约有一英里。小山被郁郁葱葱的大树所覆盖，这些树常年茂绿，树叶一年四季永远不变黄，不脱落。因为不论哪里有特别挺拔苍翠的树，只要大汗听说了，就一定会派人去找到这种树，然后连根挖出，带着泥土，把一整棵树运回皇宫，栽种到这座小山上。如果树过于高大，他会派人牵着骆驼去，想方设法也要把树驮回来。就这样，皇帝把能够找到的所有最漂亮的树都移植到了皇宫里的这座山上。除此之外，他还命人在山上撒满青金石，这种石头颜色碧绿，这样，不但山上的树是绿色的，山自身也变成了绿色。一眼望去，整座小山一片翠绿。这座山也因此得名青山，这个名字起得的确是恰如其分，名副其实。

"在这座山的顶峰，有一座精致、华美的殿宇，从里到外皆是绿色。青绿色的小山、苍翠欲滴的树木和碧玉翡翠般的殿宇浑然一体，色泽相得益彰，妙不可言，共同构成了一幅爽心悦目的奇景，每一个见此奇观的人都赞不绝口。大汗建此美景，主要是为了愉悦身心，享受自然之趣。

"在大汗所居住的皇宫的对面，还有一座一模一样的宫殿。这座宫殿是大汗专门为皇太子建造的，因为他是帝国的继承人，将来要登基做皇帝。基于此，太子宫中的一切礼仪和规模与他父亲的皇宫里的完全一样。这样，在大汗百年之后，元朝的江山才能像现在一样牢不可摧，元朝的统治才能世代相传。在大汗的皇宫旁有一个湖，湖中养着天鹅和其他小鸟。太子的宫殿就建在湖对岸，湖面上架起一座小桥，把两座宫殿连接在一起。大汗已把玉玺交给太子掌管，但是，大汗仍然掌握着国家大权，只要大汗活着，他就是元朝至高无上的君王。"

明代的皇宫，更确切地讲，即紫禁城，在设计规划上采用了蒙古人大空间的建筑理念，但是，整体布局和建筑式样已经完全发生了变化。朝代更替之后，好多东西都会相应改变，因为新旧统治者的观念一般会大相径庭。显然，明朝取代元朝之后，元朝皇帝原来引以为豪的东西以及赏心悦目的事物，在明朝皇帝的眼里也许是平庸无奇的。不过，这也无可争议，现实就是如此，萝卜白菜各有所爱。元代皇宫中那座人工堆砌的青山依然屹立在原处，但是已经更名改姓了，明朝人给它改了一个平淡无奇的名字：煤山。不知何故，民间开始流行这样一个传闻，煤山的地下深处其实是一个煤

矿，煤炭储量极大。如果京城腹背受敌，皇帝被困于皇城之中，这座小山可以为帝王长期提供燃料，煤山因此而得名。元朝皇城的城门以及皇宫已经面目全非，明朝皇帝只保留了蒙古人大空间的设计理念，其余全部依照汉族人的建筑理念重建。马可·波罗曾经描绘的元代的那个可以容纳六千人舒适就餐的皇宫大殿早已不复存在。只有位于紫禁城中心的始建于明代永乐年间的金銮殿，经过数次重建存留至今，殿内充其量能容纳一千人。当年漂亮的花园如今已被毁坏，里面盖起了很多房子，建了很多道墙，园内各种各样的动物在几个世纪前就已消失匿迹。只有巨大的金黄色殿顶依然保留着元代的酷似帐篷的形状，看到这些，还能勾起人们对那个消失已久的年代的回忆。当时，在广袤的土地上，蒙古人用布搭建起巨大的帐篷，他们所向披靡，所到之处全部变成了他们的领地。

三海是皇宫里最漂亮，最令人心旷神怡的地方。毋庸置疑，这也是明朝皇帝最钟爱的地方，各代明朝皇帝对此景挚爱有加，不断将其修缮。

南方土地肥沃，江河湖泊交错纵横。从南京迁都而来的明朝人发现北方真是个不毛之地，土地非常贫瘠，这对于他们来说，既是一种考验，也让他们倍感头疼。他们别无选择，为了使皇宫尽善尽美，只能着手修建人造园林景观。为了实现这个目标，明朝人把苏

州和杭州技术最为精湛的工匠征调到北京。苏州和杭州长久以来作为园林艺术中心而闻名于世，苏杭的湖面上点缀着迷人的亭阁凉廊，为世世代代的观光者所称赞。这些能工巧匠在明朝永乐皇帝雄才大略思想理念的指导下，使中国的艺术形式产生了新的特色，宫殿里出现了金碧辉煌的彩画。永乐皇帝是明朝的第三代皇帝，是他把明朝的国都从南京迁至北京。皇宫里的湖泊原本是一片片沼泽地，如今变成了苏杭园林艺术的高仿品，景色美不胜收，世界上任何景观都无法将其超越。这些湖泊呈现出令人赏心悦目的色彩，在蓝色天空的衬托下，散发出一种迷人的魅力，这种魅力实在无与伦比，只有至高无上的统治者才配享用。环绕皇宫和北京城的护城河，以及连接各条大江的大运河所构成的运河、护城河的整体水系主要归功于明朝人，因为蒙古人对水系的运用和开发似乎没有作为，在马可·波罗对元大都的整个记载中，对护城河只字未提。

明朝的瓷器和艺术品非常有名。瓷器精美绝伦，艺术品精致漂亮。在明朝时期，博学多才的罗马天主教父们来到中国，他们在科学文化领域所做的努力，为他们赢得了良好的声誉。特别值得一提的是，在天文学方面，这些教父们所做的引人瞩目的工作结出了丰硕的成果。明朝皇帝对他们十分信任，他们所制作的华美精制而有趣的青铜仪器就是一个见证物：这些仪器至今仍摆放在城墙上的老天文台里做装饰品。

一个纯粹的汉族王朝在北京的出现（译者注：这里指的是明朝）促使南方人向北方地区迁移，大批中原人迁移到满洲。中原人领土的稳步扩大，归功于汉族王朝对农业的重视，其农业发展的速度一年比一年快。这个汉族王朝是第一个也是最后一个凭借长城作为军事屏障统治国家的王朝。尽管明朝不断地巩固与加长抵御外敌的万里长城，但我们很快就会看到，这道防御工事并不能完全起到保护这个汉族王朝的作用。耸立了五个世纪的巍峨高大的北京城墙，只不过是那道防御工事的一部分。长城不仅被整修过，而且被大规模地扩建过——在北京北部和东北部的危险地段的长城上，又增加了很多新的观察孔和塔楼。然而，对于一个农耕民族来说，对战事的考虑只占次要位置，耕地才是最重要的。大批中原移民绕过渤海湾蜂拥北上，占据了满洲南部地区所有肥沃的土地。

就是这次移民大潮，直接导致了十七世纪一系列戏剧性的变化。十七世纪见证了明朝的灭亡，清朝的建立。尚武的满族人居住在长白山脚下，与安居在满洲的中原人为邻。满族人与高度文明的邻邦之间被具有防御功能的柳木栅栏隔开。满族人发现，从长白山脚下的驻防地区向西进入蒙古平原是一件再容易不过的事，于是，满族人最终与蒙古首领达成协议，结为同盟。而此时的蒙古首领依然沉浸在元朝灭亡，失去国都北京的悲痛之中，他们还在唱着悲伤的歌，歌中充满了对于东山再起的希望。满族人突击汉地的决心已定，他们在精于骑射的蒙古人的指导下成为骑兵能手。在骁勇善战的满族首领努尔哈赤的亲自率领下，满族人不但攻破了柳木栅栏，还把满族的国都从满洲山区的一个小镇迁往奉天——奉天是完全仿照北京重建的。

从那时起，中原人和满族人之间的斗争便进入了白热化阶段。

虽然明朝外表华美，表现得无所畏惧，实质上却是外强中干，治国不严，根本不是尚武的满族人的对手。自古"明朝建庙，清朝修道"的谚语流传至今。明朝幅员辽阔，而交通却十分落后，导致北京似乎已经变成了封建领主的领地，而不再像是君主的国都。像忽必烈这样的鞑靼统治者曾经为了维护其霸权地位而创立的战略战术现如今早已不为所用；虽然明朝皇帝授予了各省总督足够的权力，但他们却不尽其责，国力衰弱的明朝即将走向灭亡的事实已经昭然若揭。下面这件事足以证明这一点：由于明朝总督准备不充足，指挥无方，无法抵御日本海盗的侵袭，致使日本海盗在长江沿岸的许多地区猖獗作乱。

满族人连续采取一系列的军事行动，大举进攻北京。浩浩荡荡的满族和蒙族铁骑从京北草原扬鞭南下，涌入直隶平原，试图占领

明朝的国都。但是，北京城这么大，想要将其攻占谈何容易。满族和蒙古骑兵把高大的北京城墙围住，向明朝军队叫阵，并且向饰有彩绘的城楼开弓放箭，但是都无济于事。他们只好安顿下来，试图困守皇城，让到时候饥饿难耐的明朝人自己出来投降。但是，中原的京城总是有充足的粮食储备，周边村落收获的粮食几乎全部储存在都城里。最后，这些入侵者见苦等无果，只能鸣金收兵，骑上战马撤出中原，明朝国都的大门再次安全打开。

这次外族入侵的教训是惨痛的。朝廷从远方各省调集大量军队把守长城，整修长城上所有的防御工事，尤其是山海关近海的那一段被修建得固若金汤。当时加固的每一个制高点和不计其数的瞭望塔至今仍然屹立在那里，这表明，明朝当时已经制定了清晰明确的战略规划。

然而，历史注定要重演。明朝皇帝在北京的统治一直不稳固，他们对国家命运也确实漠不关心。朝野上下人心涣散，最终导致了明朝的灭亡。一支明朝军队发生兵变，他们仿照满族人曾经攻打北京的方式，将京城围住，并最终攻克了北京，推翻了明王朝。明朝的最后一位皇帝绝望地将自己吊死在皇宫后苑煤山一棵歪脖树上。镇守山海关的明朝辽东总兵吴三桂，与满族的八旗军签署了停战协议，并与八旗军合兵，进入北京，驱逐起义军（译者注：这里的起义军指的是李自成率领的农民军），击败了李自成。

　　满族人进入明朝的国都之后，便决定在此定居下来。1644年，满族统治者昭告天下，大清王朝正式成立。满族人只是接管了大明帝国，并实施八旗制度。事实的确也是如此。268年之后，更准确地说，也就是在1912年，当中华民国正式宣告成立，并下令销毁北京所有皇室徽号标记的时候，令人感到惊讶的是，在国门"大清门"石匾背面还有"大明门"字样，明朝的国号就在清朝国号的背面，只是翻过来重新使用了而已。自从十七世纪中叶开始，历代登基的清朝皇帝竟无一人把明朝的国号彻底清除掉。

　　北京现在迎来了历史上最辉煌的时刻。在满族人入主中原之后不久，先后出现了两位伟大的君主——康熙皇帝和乾隆皇帝。在中国历史上，这样的明君已经两千年没有出现过了。这两位帝王既是国家的最高统治者，又是文学和艺术的倡导者和庇护人。他们在位统治总共长达一百多年。在他们统治期间，国富民安，疆土进一步扩大，整个满洲、蒙古以及今天的东西伯利亚的大片土地都被纳入了中国的版图，随后，土耳其斯坦和西藏也都成为了中国的领土。这两位皇帝精明睿智，治国有方，金银财宝从各处被源源不断地进献到京城。皇帝把内城赐给了满族的贵族和他们的家臣。清朝人围绕外城修建了一圈新的城墙。外城，原是辽、金两朝国都的所在地，唐朝小城也位于其中。由于唐朝小城在辽、金两朝国都的范围之内，所以至今未曾受到破坏。只有皇宫和皇家寺庙才能使用黄色砖瓦，黄色是大地之神的颜色，只有拥有皇权的人才可以使用这种颜色。雄伟壮观的木质喷漆的牌楼拔地而起，鳞次栉比；天坛、神农庙、地坛、日坛和月坛都被大规模扩建和重修；皇宫被修建得更加富丽堂皇，宏伟壮观；道路四通八达。清朝时修建的北京至周边各个地区的道路总长有五万英里。现如今，每一条路都铺上了碎石，成为了铁路非常重要的附属物。

  蒙古的王公贵族通过联姻的方式就可以成为皇室的成员。联姻之后，他们就在家仆的簇拥下，高高兴兴地骑着骆驼和高头大马进入北京。朝鲜、安南（译者注：安南是越南的古称）、柬埔寨、暹罗（译者注：暹罗是泰国的旧称）、缅甸、尼泊尔等国每年都会派特使向清朝皇帝进贡，他们非常愿意与清朝成为友好之邦，这对北京的繁荣发展起到了巨大的推动作用，数以亿计的人把各种珍宝进献给朝廷。人民安居乐业，天下一片太平。这时的中国出现了大批游吟诗人，他们就像中世纪意大利的彼特拉克（译者注：彼特拉克是意大利早期文艺复兴时期的著名诗人和学者，人文主义的奠基者，是文艺复兴第一个人文主义者，被誉为"文艺复兴之父"）一样，写出了许多赞美清朝政府的诗篇。

清朝给北京带来的繁荣持续了很长一段时间。清朝的皇陵修建在了北京城墙外几十英里的地方。如今，在北京的西山上，依然能看到清朝皇家猎苑的遗址以及举世闻名的颐和园。北京的东北方，山峦起伏，热河的避暑山庄就坐落在这些群山之中，如今的避暑山庄吸引了越来越多的来自世界各地的游客。北京城自身的突出特点就是皇宫大殿威严宽敞，皇宫里树木成荫，并建有高大的城墙，所有这些建筑就像欧洲封建贵族的城堡一样坚不可摧。尽管中华民国给北京带来了现代化的气息，但是，清朝皇都原有的富丽堂皇和威严雄伟的气势几乎没有改变过。

在阿穆尔（Amur）战场上，清朝与俄国交战，清朝人大获全胜，凯旋而归。清朝人把很多俄国俘虏从阿尔巴津（Albazin）的莫斯科城堡带回京城，有些满族人娶被俘的阿尔巴津人做妻子，允许阿尔巴津人公开信仰东正教，并为她们修建了一座希腊大教堂，让她们与血统纯正的中原人生活在一起。现在，阿尔巴津人已经有了契丹人、女真人、阿拉伯人和蒙古人的血统。此外，我们在今天可能还会看见一些地位低下的人力车夫，或者推着手推车沿街叫卖羊肉的小商贩，他们身材高大匀称，长着鹰钩鼻子和大眼睛，这些特征表明他们是早已被人遗忘了的入侵中原的骑兵们的后代，这些骑兵是当年跟随他们的部落从几千里之外遥远的地方帮助满族人前来攻打中原的。

到义和团运动为止，北京城恢复了几个世纪以前的老样子。在北方明媚的阳光下，大街上的景象就像在电影里看到的一样，没有一点儿现代社会的气息。一群群骆驼排成长队，缓缓前行；马上的骑士风驰而过；满族的弓箭手依然在练习拉弓射箭；贵族家的小姐们浓妆艳抹，坐在红漆马车上，时不时地掀开帘子向外窥视，与她们同行的严厉的老妈子则盘腿坐在车辕上——这些场景都是几百年前北京的生活中司空见惯的，这与生活节奏快捷的西方人大相径庭。凌晨，有时会有运煤的骆驼队，浩浩荡荡，几乎把城门口堵得水泄不通。城门前的那条大街已经失去了以往的魅力，但是首都北京固有的特质却恒久不变。

北京所具有的浪漫品质到底表现在哪些方面？这一点真的很难说清楚。建筑风格肯定是最重要的原因之一，在中国，没有任何一个城市像北京一样有着如此规模宏大、壮丽精美的建筑群，也没有哪个城市能像北京一样按照如此宏伟的规划蓝图来建设。世界上独一无二、富丽堂皇的紫禁城建在首都北京最中心的位置，占地大约几平方英里，这是世界上任何现代建筑都无法与之媲美的。就连巍然屹立在莫斯科的克里姆林宫，一旦与紫禁城相比，也会立即相形见绌了。此外，北京城里还有一些寺庙，比如天坛或者神农庙，寺庙里有绵延几英里的草木繁茂的公园，距离繁华闹市却只有一箭之隔。显然，帝国的辉煌给北京留下了不可磨灭的印记，就像无价的浮花锦缎，就连时间也永远无法抹去它的魅力。皇宫殿顶的金黄色，宫墙的鲜红色，使大量木制品趣味横生的蓝色和绿色，所有这些颜色都让亚洲人感觉到，紫禁城真的是举世无双。当我们站在城墙上远望故宫的殿顶，并将其与现代建筑比较时，会发现故宫的殿顶非常像消失已久的古老的巨型帐篷。成就帝王霸业的成吉思汗和忽必烈以及其他在蒙古沙漠中建立王朝的伟大的统治者们，似乎又隐约出现在宫殿里。故宫高大的正方形宫墙坚实牢固，不同于中国其他所有的城墙，这些高大的宫墙永远无与伦比。在宽敞的集贸市场，昔日的物件依然可见。物件的具体年代已经无从考证，我们只知道在那个年代，人们坐着牲畜拉的大篷车，长途跋涉，进行易货贸易，并将马鞍、瓷器和其他生活用品购回以补充库存。在那些令人痴迷的古董店里，我们可以看到很多漆木灯具、玉杯以及远古时代的青铜器，带有浅绿色斑斑锈迹的青铜器个个价值连城，这些东西可以追溯到古老的英雄时代。

　　有些颜色似乎已经与北京密切地联系在了一起，这些颜色给人以沉稳、厚重、成熟的感觉。黄色是大地之神的颜色，随时随地伴随着我们。黄色与灿烂的阳光、灰色的尘埃以及肃穆的氛围协调一

致，它就像一圈光环笼罩在北京的上空。绿色和鲜红色也是这个城市的最爱；红红绿绿的门窗在远处隐约可见，减轻了灰墙在视觉上给人们带来的压抑感。即便是今天的军队，尽管军人们手握步枪、身穿现代制服，但是军服的颜色和军人的动作举止仍然带有刚刚离我们而去的那个时代的特征。事实上，真正一去不复返的是著名的八旗制度。八旗兵为清朝的建立立下了汗马功劳，作为奖赏，清朝政府将鞑靼城（译者注：这里的鞑靼城指的是北京城）分成几个部分，让八旗兵驻守。因此，每一个旗，比如蓝旗、红旗、黄旗以及汉族盟军的镶边旗，各分得一席之地。如今，代表满族八旗的别具一格的三角形旗子以及像高峰一样的马鞍，还有记录官兵姓名的花名册早已销声匿迹。只有妇女们依然戴着满族独特的头饰，穿着长长的旗袍，仍然保持着清朝时期的装扮。但是，在中华民国的步兵和骑兵部队卷起的滚滚烟尘之中，人们似乎又看到了那些搭弓引剑、挥舞长矛、奋力拼杀，为北京树立了长久的军事威望的八旗兵。这是政治上的困境，过去的事就像一个幽灵客人一样总是出现在每一次宴会上。北京就像一个认为只有刀剑才能统治世界的老战士，很难接受现代的一切新鲜事物，北京需要和现代精神打一场持久战。

在远离城市的乡村，这种情况比比皆是，而且比以往任何时候都更为突出。农村比城市更落后，农村人更不容易接受新鲜事物。在那里，你也许会感到好像意外地来到了中世纪，在大街上闲逛的人们对任何事物都漠不关心。有时，你还会遇到一群朝圣的喇嘛，看上去和卫三畏（译者注：Wells Williams，美国人，1812-1884，被称为美国的"汉学之父"）所著的《中央王国》（Middle Kingdom）中的一幅插图里描绘的喇嘛一样，也和著名的法国传教士阿贝·哈克（Abbé Huc）笔下所描写的喇嘛朝圣的场景十分相似。朝圣者所穿的被染成橘黄色或褐紫色的衣服，所用的长长的手杖，所戴的古色古香的帽子，全部属于刚刚逝去的那个时代。现在，居住在离首都不远的沙漠地带的人们依然生活在过去那个时代，他们还不知道一个新的时代已经到来。这些朝圣者也许会登上北京著名的妙峰山，去妙峰山寺庙朝拜。他们每走一步都要行五体投地之礼，一步一步地叩拜上山，这是他们遵从古老的规矩，承诺要做的最痛苦的修行方式。抑或，你会看到一个风尘仆仆的马队，骡子拉着红色或蓝色的马车，车里坐着富贵人家的女眷，保镖穿着迂腐陈旧的制服，身背重剑，手握枪支，在通往山西或者陕西的山谷中蜿蜒前行。这种保镖工作世代相传已有很长的历史了。与此同时，在雍和宫和黄寺（译者注：黄寺位于安定门外黄寺大街。有东黄寺和西黄寺，故称双黄寺）所进行的一些宗教活动证明了中国曾经施加给周边所有国家的文化控制力依然存在。很多蒙古和西藏喇嘛每天依然用特别低沉的嗓音念诵着经文，他们仍然在履行繁复的宗教仪式。这一切都与现代生活格格不入，应该属于马可·波罗在十三世纪的中国所见到的景象，应该属于天主教方济会的修道士在马可·波罗来中国之前在中国传教时所见到的景象。当时天主教方济会的修道士试图把自己的宗教灌输给西藏的喇嘛教和蒙古平原的萨满教，几经努力，都徒劳而归。在今天的宗教节日里，人们仍然可以看到喇嘛们穿着兽皮跳布扎，很多人会前来围观。居士（**译者注：居士指正式皈依在家修行的佛教徒**）们为每一场演出清理出一块空地，然后手拿长鞭维持秩序。

几乎每一种宗教信仰都可以在北京传播，每一种宗教信仰都有其充满传奇色彩的历史，并且历久弥新。北京建有很多伊斯兰教的清真寺，为两万穆斯林家庭服务。其中有些清真寺可以追溯到明朝年间，已有五百余年的历史，即便如此，我们也得称这些清真寺为现代建筑，因为早在元朝，甚至在唐宋时期，就已出现了供穆斯林礼拜的场所。公元八世纪轰轰烈烈的穆斯林运动曾经给中国带来过巨大的冲击。

北京最著名的清真寺位于外城的牛街。在牛街，居住着很多古老的穆斯林家庭，他们为自己的祖先感到无比自豪。在穆斯林家庭的门楣上，经常可以看到用阿拉伯语写成的经文。这些穆斯林虽然世世代代与汉族人通婚，但是，从他们的鹰钩鼻子和长脸形仍然可以看出他们的祖先具有阿拉伯和突厥血统。

如果晚上到牛街的清真寺去观看穆斯林做礼拜，感觉会像在看《一千零一夜》中的情节一样，因为在礼拜殿，所有忠实信徒都虔诚得和真正的阿拉伯人一样。从外表上看，牛街清真寺的建筑风格很像皇家寺庙。朝廷在批准修建清真寺的法令中明确规定，清真寺的屋顶必须比皇家寺庙的屋顶低一英尺。虽然宣礼员（译者注：宣礼员也被称作阿訇）每天召唤穆斯林前来做礼拜和祷告的宣礼塔（译者注：阿拉伯语音译，意为尖塔、高塔、望塔）是典型的中国式建筑，但是，牛街清真寺的其他组成部分完全保留了美丽的阿拉伯建筑特色和风格，它们就像纤纤玉手指向天堂，具有传统思想的中原人认为这种特色的建筑冒犯了中国的礼节。另外，在牛街清真寺，除了宣礼塔之外，其他所有建筑全部吸收阿拉伯的装饰艺术元素。清真寺的内部与其他清真寺极其相似：柱身装饰着阿拉伯图案，蓝色的天花板上点缀着许多金色的星星，空荡荡的地板上铺着地毯。这些忠实的穆斯林信徒用清洁的水洗好大小净后，包上白色的包头巾，然后开始做礼拜。他们做礼拜的场面真可谓是一个奇妙而独特的景观。有时，人们会看见包着绿色头巾的男子去麦加（译

者注：麦加在沙特阿拉伯，为伊斯兰教圣地）朝圣。来自中国突厥斯坦（译者注：Chinese Turkestan，这是一些外国人沿用的殖民主义者对我国新疆维吾尔自治区的称呼，亦称Eastern Turkestan）的突厥商人也经常会居住在牛街的清真寺里，因为在这里，他们能够得到当地教友的保护。人们在牛街清真寺的外院有时会看到又硬又平的石头棺材，上面停放着裹着裹尸布的穆斯林遗体。在下葬前，穆斯林的遗体会暂时停放在这里。中国穆斯林葬礼中的送葬队伍是一种宗教文化和殡葬文化的展示，是具有特色的风俗习惯之一。中国的传统风俗和伊斯兰朴实无华的宗教信仰之间的斗争最终达成妥协，妥协的结果就是中国人和穆斯林之间相互尊重彼此的风俗习惯。这种与异国文化的融合使其他国家和地区的穆斯林感到愤怒。在1900年义和团运动期间，英属印度伊斯兰教大军挺进北京，中国所有穆斯林都戴上头巾，用蹩脚的阿拉伯语向这些印度穆斯林示好。但是，这些印度穆斯林很快宣称，自己的宗教信仰已经被他们玷污；虽然中国穆斯林与这些印度穆斯林进行了磋商，但是这些印度人依然认为中国穆斯林就是纯种的中原人。这件事也再次证明了"中国可以同化一切"这句谚语的正确性。

铁路运输改变了中国人的出行方式，伊斯兰教却因此受到了沉重的打击。以往，在华北通往北京的公路上，有很多马车客栈。人们经常沿路进行马车交易。这些买卖大部分掌控在穆斯林手中，马匹交易也是如此。而现在，随着原始出行方式的逐渐消失，这些有利可图的生意也逐渐在现代社会的发展中销声匿迹了，穆斯林正在痛苦中煎熬，他们可能面临着最终被汉族人完全同化的后果。

西藏和蒙古的喇嘛教、伊斯兰教、佛教、道教以及基督教的各大教派，都在北京得以顺利传播和发展。清朝末年，清政府与俄国签订了几个不平等条约，清朝皇帝给予俄国人一种特别的优待，使他们成为清朝半个帝国的代表。由于俄国人信奉罗马天主教和希腊东正教，所以当时罗马天主教和希腊东正教在中国的确曾经一度受到过优待。所有这些宗教都有其各自的信徒，他们聚集在一起，从事宗教活动，经常占据整个街区。古罗马天主教的会众尤其引人注目，他们在满族人入主中原以前就已来到中国传教。位于皇城西边的北堂（译者注：北京西什库天主堂俗称北堂）当时也是一个慈善机构。1900年，西方传教士曾经在此顽强地抵抗义和团和清朝军队的进攻，许多著名的主教也曾经相继来此执行圣职。在十八世纪和十九世纪初期，清朝皇帝传下圣旨，在全国查禁天主教，并驱逐耶稣会传教士。当时只有在北京宫廷里担任历法修订等工作的一部分天主教神父获得特赦，被继续留用。在十八世纪，罗马天主教确实快要彻底地改变清朝都城黎民百姓的宗教信仰了，而这正是清朝皇帝所害怕的事情。但是，自从义和团运动之后，毋庸置疑，中国出现了一次宗教大紧缩。四千年的战争和劫掠史已经相继抹杀了中国很多美好的东西，这是一个不争的事实。义和团运动之后，东堂（译者注：北京天主教东堂俗称东堂）教区信徒的总数从两千人急剧下降到八百人。北堂教区曾经因为拥有上万名信徒而感到无限自豪，其中不乏清朝的皇亲国戚，而如今最多也只有四千人而已。中国，这个号称恒久不变的国家，事实上却一直在发生着变化。中国就是一个巨大的吸纳器，随着外来原始事物的改变而总在不断地改变。洛克菲勒研究所（Rockefeller Institute）按照中国传统的建筑风格，在昔日的一座清朝大殿的遗址上盖了大片楼房，作为医学院校以及研究工作的场所。这件事再一次证明了北京至今依然在接纳异国的新事物，在不断地发展变化。

现在的北京城里还有没有蒙古人呢？

二十年前，在繁华的东交民巷（译者注：东交民巷位于北京市东城区，是一条胡同，旧时因这里是漕运地，所以原称东江米巷）正中间的位置，有一个蒙古市场。冬天，蒙古人运来大量的鹿肉、冷冻的鲟鱼以及猎获的野味在此销售。当时，都城的人们总能看到一群群怪异的人结伴而行——骑在同一头骆驼背上的夫妇和被装进篮子的蒙古小孩儿，这些篮子与存放生活用品的大箱子一起被绑在驼峰两侧。与其他季节相比，冬季会有更多的蒙古王公从蒙古平原赶往皇城。清朝明文规定，蒙古王公必须定期进京朝见皇帝，同时把贡品亲自进献给皇上，比如豹皮、奶白色雌马以及其他纳贡之物。1900年之后，进京朝见的蒙古王公人数骤减，这肯定是因为他们听到了清朝灭亡已为期不远的消息。自从1911年辛亥革命之后，中华民国成立，几乎就再也见不到蒙古人进京，只有居住在边境地区的汉族人以及有一半汉族血统的混血儿才偶尔进京一次。汽车是时代进步的标志，但它也让人们的生活变得平淡无奇。汽车逐渐代替了蒙古高原上的骆驼和牛车；旧时代的这些景象逐渐被夜幕所笼罩，消失在人们的视线里。蒙古族人的历史曾经非常紧密地与清朝国都的历史交织在一起，然而，在新时代的曙光里，蒙古族人在北京已无立足之地。

也许，蒙古族人在北京将来还会有一席之地。只要有市场和人，有气候和环境，蒙古人就必定会接受新的制度，而且还会一年一度地来北京觐见新时代的领导人。铁路很快就会延伸到蒙古，蒙古人可以安全而快捷地跨越空间上的距离来到北京。但是，目前在他们进京的途中，却有士兵持枪荷弹地把守着边界地带，显然，中国和蒙古并不想相互往来。西藏和西藏的百姓也会接受新的制度，他们将来一定还会像当年觐见乾隆皇帝一样来北京。乾隆皇帝把一只脚踩在他们的脖颈上,让他们心甘情愿地做他的忠实臣民;乾隆皇帝从赐予西藏人的金瓶中抽出转世灵童的名字来确定达赖喇嘛的转世。十年前,也就是1908年(译者注:1908年9月27日,十三世达赖喇嘛行抵北京觐见光绪皇帝),拉萨的达赖喇嘛来到北京。将来,西藏上层社会的达官贵人也会像以前一样,携带家仆跟着达赖喇嘛来北京叙叙旧情,以便维系老关系。与此同时,总有一些说书人对以前发生的这些事情记忆犹新。北京是专业说书艺人的聚集中心,一部分说书人是盲人,每当夜幕降临的时候,他们便拿起六弦琴在女子公寓讲历史典故;另一部分则是公众说书人,他们在集市或客栈给市井百姓讲述历朝历代的英雄事迹和故事。听书的人坐在普通的松木桌旁,喝着茶水,听得津津有味。在下午和傍晚时分,进出北京内城崇文门(译者注:崇文门是明清时期北京内城九座城门之一,俗称"哈德门","海岱门",位于内城的南面,与正阳门和宣武门一起被称为前三门)的车辆川流不息。这股人潮主要是猎奇寻乐者,他们饶有兴趣地来欣赏评书艺术家们用传统的艺术手段展现中国历史的风云变幻。

由此可见,在这崭新的生活表象下,在这车水马龙背后,有这样一种生生不息的精神之源:它属于所有真正的中国人,他们的天性与之共鸣;它与紫禁城和皇城的规划发展和谐共生,它——就是关于过去的伟大传说。这个传说，期待着那些远道而来的陌生人一探究竟。它被镌刻在纪念碑上；被保留在寺庙、古迹和城墙上。紫禁城——这座当今世界上最璀璨的皇家艺术宝库在讲述着它；离皇城只有一两个小时的火车车程的长城关口群山之巅的防御工事也在传诵着它，这个故事，只有那些看不见光明的人才不愿去阅读，不愿沉醉其中。这个故事，就是北京城的辉煌历史，一个令人叹为观止的千年传说。它在向你发出召唤：来吧！

孔庙牌楼

颐和园

北海入口——冬宫

安定门大街

"神宇消失在云彩里，
我与太阳齐光辉"
——碧云寺

青龙桥——南口通道

颐和园排云殿

天坛的入口

实用店

西山龙王塘

西山戒台寺

雍和宫院落

驼　队

居庸关大理石门

阳光下灰尘弥漫的大道
（永定门附近）

颐和园长廊

午　餐

通过平则门（今阜成门）

北海牌楼和大理石桥

西直门城楼下

碧云寺大理石佛塔

鞑鞑城（内城）的街道

南口长城

"城墙边，大风扬起了尘沙"

北海公园内的牌楼

石头铺的路

故宫

通往西山的路

北京店铺

鼓　楼

黄昏的街道

黄寺佛塔底座

前 门

中国城（外城）大门

颐和园铜亭（宝云阁）

老北京的街道

碧云寺

通过南西门（右安门）

长途跋涉

庄重的府邸

休憩片刻

煤山（今景山）俯瞰北京城

雍和宫

老马车路

瀛台——海上的仙台

颐和园铜牛

从煤山远眺冬宫（北海公园）

街道角落

颐和园石拱桥

通往城里大道上的北京马车

黄寺佛塔

天坛祈年殿

十三陵大牌坊

居庸关城门

瀛台——宫中仙岛

颐和园大理石桥（十七孔桥）

郊外大道

西山潭柘寺

德胜门——胜利之门

颐和园铜龙和铜凤

万寿寺——万座佛像的寺庙

永定门

孔　庙

天坛寰丘坛

黄 寺

夜幕降临

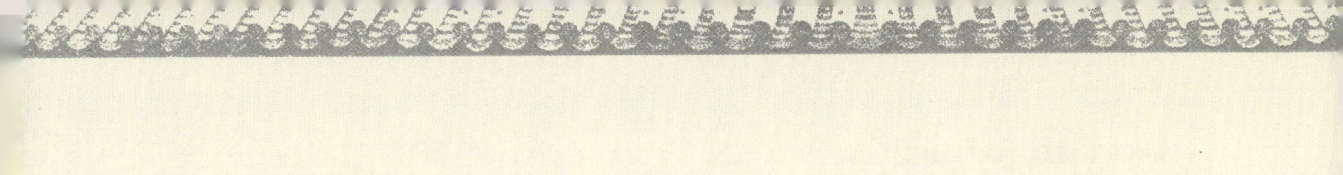

图书在版编目（CIP）数据

北洋北京：摄影大师的视界 ／（英）曼尼(Mennie, D.)摄影；
（英）威尔(Weale, P.)撰文；张远航编译.
—— 北京：中央编译出版社，2013.1
ISBN 978-7-5117-1515-9

Ⅰ．①北… Ⅱ．①曼… ②威… ③张… Ⅲ．①北京市
－地方史－史料－民国－摄影集 Ⅳ．①K291-64
中国版本图书馆CIP数据核字（2012）第266980号

北洋北京——摄影大师的视界

出 版 人：刘明清
出版统筹：谭　洁
责任编辑：张维军　刘文利
责任印制：尹　珺
出版发行：中央编译出版社
地　　址：北京西城区车公庄大街乙5号鸿儒大厦B座（100044）
电　　话：（010）52612345（总编室）　（010）52612342（编辑部）
　　　　　（010）66161011（团购部）　（010）52612332（网络销售）
　　　　　（010）66130345（发行部）　（010）66509618（读者服务部）
网　　址：www.cctphome.com
印　　刷：北京佳信达欣艺术印刷有限公司
成品尺寸：185毫米×240毫米　　11.5印张
版　　次：2013年1月北京第1版
印　　次：2013年1月第1次印刷
定　　价：48.00元

本社常年法律顾问：北京市吴栾赵阎律师事务所律师　闫军　梁勤